Bilingual Adventures: Hungarian-English Stories for Children

Coledown Bilingual Books

Published by Coledown Bilingual Books, 2023.

While every precaution has been taken in the preparation of this book, the publisher assumes no responsibility for errors or omissions, or for damages resulting from the use of the information contained herein.

BILINGUAL ADVENTURES: HUNGARIAN-ENGLISH STORIES FOR CHILDREN

First edition. September 8, 2023.

Copyright © 2023 Coledown Bilingual Books.

ISBN: 979-8223196754

Written by Coledown Bilingual Books.

Table of Contents

A Két Kis Pillangó

Volt egyszer két kis pillangó, Panka és Pityu. Ők legjobb barátok voltak, és mindig együtt repültek a virágok között.

Egy szép napon, amikor Panka és Pityu épp a rózsák között játszottak, megláttak valami csodálatosat. Egy varázslatos kertben találtak magukat, tele volt színes virágokkal és szikrázó folyóval.

Pityu izgatottan körbejárta a kertet, míg Panka egy gyönyörű liliomra ült le. Ahogy a nap sugarai megérintették a liliom szirmait, valami különleges történt. Panka egyszerre fehérre és rózsaszínre vált, és a szemei ragyogni kezdtek.

Pityu visszafordult, és elámulva nézte Pankát. "Panka, te most milyen szép vagy! Mi történt veled?"

Panka boldogan nevetett, majd így válaszolt: "Ez a varázslatos liliom teszi ezt velem, Pityu! Nézd meg, ha te is ráül egy virágra!"

Pityu izgatottan próbált ráülni egy liliomra, és tényleg, azonnal elkezdett változni. A pillangó szárnyai arany és zöld színben csillogtak.

Most már Panka és Pityu együtt szálltak a kertben, gyönyörködve a virágokban és a varázslatos változásaikban. Úgy érezték, mintha álomországban lennének.

Ahogy elrepültek a naplementében, megígérték egymásnak, hogy mindig jó barátok maradnak, és mindig kalandokat élnek át együtt.

És így éltek boldogan, repülve a színes virágok között, mindig a barátság és a csodák világában.

The Two Little Butterflies

Once upon a time, there were two little butterflies, Panka and Pityu. They were the best of friends and always fluttered among the flowers together.

One beautiful day, as Panka and Pityu were playing among the roses, they saw something amazing. They found themselves in a magical garden, filled with colorful flowers and a sparkling river.

Pityu excitedly explored the garden while Panka landed on a beautiful lily. As the sun's rays touched the lily's petals, something special happened. Panka turned both white and pink at once, and her eyes began to sparkle.

Pityu turned back and watched Panka in amazement. "Panka, you look so beautiful now! What happened to you?"

Panka laughed happily and replied, "It's this magical lily, Pityu! Look, if you sit on a flower too!"

Pityu eagerly tried sitting on a lily, and indeed, he immediately began to change. His butterfly wings shimmered in gold and green.

Now, Panka and Pityu soared through the garden, marveling at the flowers and their magical transformations. They felt like they were in a dreamland.

As they flew off into the sunset, they promised each other that they would always remain good friends and continue to have adventures together.

And so, they lived happily, flying among the colorful flowers, always in the world of friendship and wonders.

A Kívánságos Csillag

Volt egyszer egy kisegér, Misi, aki minden éjjel kijött a háza mögötti rétre, hogy a csillagokat nézze. Misi mindig a legfényesebb csillagot kereste, és azt kérdezte: "Kívánságos csillag, teljesítsd kérésimet!"

Egy éjszaka, amikor Misi a csillagokat nézte, a kívánságos csillag hirtelen fényesebbé vált. A csillagból kis csillogó szikrák kezdtek szállingózni, és egyszerre elöntötték Misit.

Misi megijedt, de nem menekült el. Ahelyett egy bátorságos kívánságot tett: "Kívánom, hogy minden kisegérnek legyen elég étel és otthon, és hogy soha ne éhezzen senki."

A kívánságos csillag ragyogott, és a szikrák körbeölelték Misit, majd lassan visszahúzódtak a csillagba.

Misi hazament, nem tudva, hogy a kívánsága teljesült-e vagy sem. De másnap reggel, amikor a kisegerek ébredtek, a környéken sok-sok étel és egy meleg otthon várt rájuk.

Misi boldogan ugrált a kisegerek között, és mindannyian tudták, hogy a kívánságos csillag meghallgatta Misit, és az ő bátor kívánsága valóra vált.

És így élték boldogan a kisegerek, mindig emlékezve arra, hogy a kívánságok valóra válhatnak, ha azok jóságosak és önzetlenek. És minden este, amikor Misi kiment a rétre, még mindig a kívánságos csillagot keresve, mosolyogva emlékezett azon az éjszakán, amikor az ég válaszolt a szívének.

The Wishful Star

Once upon a time, there was a little mouse named Misi who came out to the field behind his house every night to gaze at the stars. Misi always searched for the brightest star and asked, "Wishful star, grant my request!"

One night, while Misi was looking at the stars, the wishful star suddenly shone brighter. Sparkling little specks of light started to descend from the star, surrounding Misi all at once.

Misi became frightened, but he didn't run away. Instead, he made a brave wish: "I wish that every mouse has enough food and a home, and that no one ever goes hungry."

The wishful star gleamed, and the sparkles embraced Misi, then slowly retreated back into the star.

Misi went home, not knowing if his wish had come true or not. But the next morning, when the mice woke up, there was plenty of food and warm homes waiting for them in the area.

Misi joyfully hopped among the mice, and they all knew that the wishful star had listened to Misi, and his selfless wish had come true.

And so, the mice lived happily, always remembering that wishes can come true when they are kind and selfless. And every night, when Misi went out to the field, still searching for the wishful star, he smiled, remembering the night when the sky answered his heart's call.

A Bátor Kis Tengerparti Katica

Volt egyszer egy kis tengerparti katica, Zsuzsi, aki mindennap a homokban játszott és a hullámokat figyelte. Zsuzsi imádta a tengert, és arról álmodozott, hogy egyszer nagy kalandokban lesz része.

Egy napon, amikor Zsuzsi a parton játszott, hirtelen egy zajt hallott a homok alatt. Kíváncsian hajolt le, és egy kis kagylót talált, amely éppen beszélni kezdett hozzá.

"Ahoy, Zsuzsi! Én vagyok Kálmán, a kagyló, és egy varázslatos kincset találtam mélyen a tengerfenékben. Segíts nekem megtalálni, és megosztozhatunk rajta!" mondta Kálmán.

Zsuzsi nem habozott, és örömmel elfogadta a felkérést. A két kis barát a tenger mélyére merült, és kalandos utazásuk során találkoztak színes halakkal, kagylókkal és tengeri csillagokkal.

Végül mélyen a tengerfenéken egy rejtett barlangot találtak. A barlangban gyönyörű gyöngyökkel és kincsekkel teli ládát találtak. Zsuzsi és Kálmán boldogan zsákmányolták a kincseket és visszatértek a tengerpartra.

Mikor hazaértek, Zsuzsi és Kálmán megosztották a kincseket a tengerparti katicák és kagylók között. Mindannyian boldogan éltek a tengerparton, és Zsuzsi tudta, hogy a bátorsága és a barátsága a legnagyobb kincs, amit valaha találhatott.

És így telt Zsuzsi napjaiból boldogan, mindig készen állva új kalandokra a tengerparton és a tenger mélyén.

The Brave Little Seaside Ladybug

Once upon a time, there was a little seaside ladybug named Susie who played in the sand every day and watched the waves. Susie loved the sea and dreamed of having great adventures one day.

One day, as Susie was playing on the beach, she suddenly heard a noise beneath the sand. Curiously, she leaned down and found a little clam that had just started to speak to her.

"Ahoy, Susie! I'm Kalman, the clam, and I've found a magical treasure deep on the ocean floor. Help me find it, and we can share it!" said Kalman.

Susie didn't hesitate and gladly accepted the invitation. The two little friends dove deep into the ocean, and during their adventurous journey, they met colorful fish, clams, and starfish.

Finally, deep on the ocean floor, they found a hidden cave. Inside the cave, they discovered a chest filled with beautiful pearls and treasures. Susie and Kalman happily collected the treasures and returned to the seaside.

When they arrived home, Susie and Kalman shared the treasures with the seaside ladybugs and clams. They all lived happily by the seaside, and Susie knew that her courage and friendship were the greatest treasures she could ever find.

And so, Susie's days were filled with happiness, always ready for new adventures on the seaside and deep beneath the sea.

A Bátor Kis Nyúl és a Varázslatos Erdő

Egyszer régen, egy kis nyúl, Berci néven, egy csendes erdőben élt. Berci mindig is kíváncsi volt a világ dolgaira, és gyakran elindult felfedező útra az erdő mélyébe.

Egy napon, amikor Berci az erdő egy eldugott részén sétált, talált egy rejtélyes követ. A kő ragyogott, mintha varázslatos erőt hordozna. Berci óvatosan megérintette, és hirtelen megtörtént a csoda. Egy varázslatos erdő nyílt meg előtte.

Az erdő tele volt élőlényekkel, akik beszélő fák alatt éltek és csillogó patakokban úsztak. Berci találkozott egy bölcseként ismert teknőssel, aki elmondta neki az erdő titkát.

"Kedves Berci, ezt az erdőt csak azok találhatják meg, akik bátorságosak és jó szívvel rendelkeznek. Te ilyen vagy," mondta a teknős. "Most segíts megoldani egy rejtélyt, hogy elérjed a varázslatos szökőkutat, amely minden vágyadat teljesíti."

Berci elindult a kihívásra, és végül megtalálta a rejtély megoldását. Amikor megérkezett a szökőkúthoz, egy kívánságát fogalmazta meg: "Kívánom, hogy az erdő mindig maradjon varázslatos és csodálatos, hogy mindenki megtapasztalhassa a szépségét."

A szökőkút tükröződött, majd egy varázslatos fény övezte Bercit, aki tudta, hogy kívánsága teljesült.

Amikor Berci visszatért az erdőből, az erdő valóban még varázslatosabb lett, és az élőlények boldogan köszöntötték. Berci pedig tudta, hogy a bátorság és a jó szív mindig meghozza a varázst az életébe.

Így élte boldogan Berci az életét, mindig kész felfedezni és segíteni másoknak, és az erdő varázslatában mindig megtalálta a boldogságot.

The Brave Little Rabbit and the Enchanted Forest

Once upon a time, in a distant forest, lived a little rabbit named Benny. Benny was always curious about the world and often embarked on exploratory journeys deep into the forest.

One day, as Benny was wandering in a secluded part of the forest, he stumbled upon a mysterious stone. The stone sparkled as if it held magical power. Benny cautiously touched it, and suddenly, a miracle occurred. An enchanted forest opened up before him.

The forest was filled with creatures that lived beneath talking trees and swam in glistening streams. Benny met an old tortoise known as the wisest of all, who revealed the secret of the forest.

"Dear Benny, this forest can only be found by those who are courageous and have a kind heart. You possess these qualities," said the tortoise. "Now, help me solve a riddle to reach the magical fountain that grants every wish."

Benny took on the challenge and eventually unraveled the riddle. When he arrived at the fountain, he made a wish: "I wish for the forest to remain forever enchanting and magical so that everyone can experience its beauty."

The fountain shimmered, and a magical light enveloped Benny, who knew that his wish had come true.

When Benny returned from the forest, it had indeed become even more magical, and the creatures joyfully greeted him. Benny understood that courage and a kind heart always bring magic into one's life.

And so, Benny lived his life happily, always ready to explore and help others, finding happiness in the enchantment of the forest.

Az Elveszett Csillagok Bolygója

Egyszer volt, hol nem volt, egy fiatal kisfiú, Máté, aki mindennap az ablakánál állva nézte az éjszakai égboltot. Imádta a csillagokat, és mindig elgondolkodott azon, mi lehet a csillagok mögött.

Egy éjszaka, amikor Máté az ablaknál állt, egy csillag lehullott az égből és a kertjükben landolt. Máté izgatottan rohant ki, és a csillagot egy törékeny kristálypalackba tette, hogy óvja.

A csillag meglepő dologgal állt elő. Elmondta Máténak, hogy ő egy csepp a "Csillagok Bolygójáról", egy titokzatos világról, ahol elveszett csillagok laknak. De most elvesztette az útját vissza a Csillagok Bolygójára, és csak Máté tudja visszavezetni.

Máté nem habozott, és elindult egy kalandos utazásra a csillag vezetésével. Repültek a csillagok között, és meglátogattak sok-sok különös helyet. Találkoztak furcsa lényekkel, mint például csillagfényes tündérek és szivárvány szárnyú madarak.

Végül, egy éjszaka, amikor az égbolt fényesen ragyogott, Máté és a csillag megtalálták az elveszett Csillagok Bolygóját. A bolygó gyönyörű volt, tele csillogó élettel.

A csillag boldogan tért vissza a saját világába, és hálásan köszönte meg Máténak a segítséget. Máté pedig érezte, hogy ez az utazás nem csak a csillagok világát hozta közelebb hozzá, hanem a saját szívét is kitágította a csodák iránt.

Amikor hazatért, Máté mindig mosolyogva nézte az éjszakai égboltot, és tudta, hogy bárhol is legyenek a csillagok, mindig hozzájuk tartoznak. És azóta is mindig egy kis rész a Csillagok Bolygójával volt az életében, ahol a csillagok sosem vesznek el.

The Lost Stars Planet

Once upon a time, in a land far, far away, there was a young boy named Matthew who stood by his window every night, gazing at the night sky. He adored the stars and often wondered what lay beyond them.

One night, as Matthew stood by the window, a star fell from the sky and landed in his backyard. Excitedly, Matthew rushed outside and carefully placed the star inside a delicate crystal bottle to protect it.

The star revealed something astonishing. It told Matthew that it was a tiny piece of the "Stars Planet," a mysterious world where lost stars resided. However, it had lost its way back to the Stars Planet, and only Matthew could guide it home.

Matthew didn't hesitate and embarked on an adventurous journey with the star as his guide. They soared amidst the stars, visiting many peculiar places. They encountered strange creatures like starlit fairies and rainbow-winged birds.

Eventually, one night, when the sky was brightly lit, Matthew and the star found the lost Stars Planet. The planet was beautiful, brimming with shimmering life.

The star happily returned to its own world, thanking Matthew for his help. Matthew felt that this journey had not only brought him closer to the world of stars but had also expanded his heart to embrace wonders.

When he returned home, Matthew always smiled while looking at the night sky, knowing that wherever the stars might be, they always belonged to him. And ever since, a small part of the Stars Planet remained in his life, where stars never got lost.

A Kis Bagoly és a Varázslatos Képeskönyv

Volt egyszer egy kis bagoly, Boróka néven, aki minden szabadidejét a könyvekkel töltötte. Boróka imádta a meséket és a kalandos történeteket, és mindig álmodozott arról, hogy valóságos kalandokban vehessen részt.

Egy nap, amikor Boróka az egyik könyvesboltban járt, egy furcsa könyvet talált a polcon. A könyvnek sem címe, sem szerzője nem volt, csak egy rejtélyes borító és egy hatalmas kulcslyuk.

Boróka nem tudott ellenállni a kíváncsiságának, és megvette a könyvet. Amikor hazaért, azonnal próbálta megnyitni, de az nem engedte magát kinyitni. Mégis, a kulcslyuk csillogni kezdett, és egy csillogó kulcs jött elő a tarsolyából.

Amikor Boróka a kulcsot a könyv kulcslyukába illesztette, a könyv hirtelen nyitva pattant, és egy varázslatos világba repítette őt. Boróka a könyv lapjain keresztül lépett egy lenyűgöző erdőbe, ahol élő könyvek és varázslatos lények várták őt.

A könyvek a faágakon ültek és beszéltek, és Boróka velük kalandokba keveredett. Minden oldalon új történetek és izgalmas kihívások várták.

Amikor Boróka a könyv utolsó oldalához ért, találkozott egy bölcsebbnél bölcsebb könyvvel, aki azt mondta neki: "Az igazi kincs a tudás és az élmények öröme, amit a könyvek nyújtanak. Ezek a kincsek mindig nálad vannak, bárhova is menj."

Boróka visszatért a valóságba, és bár a könyvet bezárta, sosem felejtette el azokat a kalandokat és élményeket, amiket a könyv lapjain át élt meg. Tudta, hogy az olvasás és a könyvek mindig varázslatot hoznak az életébe, és minden nap új kalandokra számíthat.

És így élte boldogan Boróka az életét, mindig kész a könyvek újabb varázslatára, melyek sosem fogytak ki.

The Little Owl and the Enchanted Picture Book

Once upon a time, there was a little owl named Bianca, who spent all her free time with books. Bianca adored stories and adventurous tales and always dreamed of taking part in real adventures.

One day, while Bianca was visiting a bookshop, she found a peculiar book on the shelf. The book had no title or author, only a mysterious cover and a large keyhole.

Bianca couldn't resist her curiosity and bought the book. When she got home, she immediately tried to open it, but it wouldn't budge. Still, the keyhole began to sparkle, and a shimmering key emerged from her satchel.

When Bianca inserted the key into the book's keyhole, the book suddenly sprang open and transported her into a magical world. Through the pages of the book, Bianca entered a mesmerizing forest where living books and magical creatures awaited her.

The books sat on tree branches, conversing, and Bianca embarked on adventures with them. On every page, new stories and exciting challenges awaited.

When Bianca reached the last page of the book, she met a wise book who told her, "The true treasure is the joy of knowledge and experiences that books offer. These treasures are always with you, wherever you go."

Bianca returned to reality, and even though she closed the book, she never forgot the adventures and experiences she had lived through its pages. She knew that reading and books always brought magic into her life, and every day held new adventures.

And so, Bianca lived her life happily, always ready for the enchantment of new books, which never ran out of wonders.

A Bátorság és a Barátság Kincse

Még régen, egy időben, amikor a világ még csak most kezdett kibontakozni, élt egy kis sárkány, Zalán néven. Zalán nem volt olyan, mint a hatalmas és félelmetes sárkányok, akiket a mesékben mesélnek. Ő volt a barátságos és jószívű sárkány a hegyek mélyén.

Zalán egy nap egy különleges kincsre bukkant egy kristály barlangban. A kincs egy értékes gyöngy volt, de nem csak az anyagi értéke miatt volt különleges. Ez a gyöngy hatalmas erőt hordozott magában, amely bárkit képessé tett arra, hogy bármilyen vágyát teljesítse.

Zalán úgy érezte, hogy ezt a kincset meg kellene osztania valakivel, de nem akart, hogy valaki rosszra használja. Így elindult egy utazásra azzal a szándékkal, hogy megtalálja a legbátrabb és legjószívűbb társat, akivel megoszthatja a kincset.

Az utazása során találkozott sokféle lényekkel, de egyetlen egy sem érte el a szívét. Egy napon azonban, amikor már majdnem feladta a reményt, találkozott egy fiatal fiúval, Mátéval.

Máté nem volt félelmetes hős, de a bátorsága és a jószívűsége meghódította Zalán szívét. Zalán elmondta neki a kincsről és az erőről, amit hordoz.

Máté nem habozott, és úgy döntött, hogy a kincset együtt használják fel, hogy segítsenek az embereknek és a világnak. Így tették, és a kincs hatalmát arra használták, hogy békét és boldogságot hozzanak.

A két barát együtt élte boldogan az életüket, mindig készen arra, hogy segítsenek másoknak. Tudták, hogy a bátorság és a barátság olyan kincs, amely minden kincs fölött áll, és sosem fogy ki.

És így telt el az idő, és a világ egyre jobb hellyé vált, mindannyian emlékezve arra a kis sárkányra és a fiúra, akik megmutatták, hogy a valódi kincs a jó szívben rejlik.

The Treasure of Courage and Friendship

Long ago, in a time when the world was just beginning to unfold, there lived a little dragon named Zalan. Zalan wasn't like the mighty and fearsome dragons told in legends. He was the friendly and kind-hearted dragon deep within the mountains.

One day, Zalan stumbled upon a special treasure in a crystal cave. The treasure was a valuable pearl, but it wasn't special just because of its material worth. This pearl held immense power, capable of granting anyone's desires.

Zalan felt that he should share this treasure with someone, but he didn't want it to fall into the wrong hands. So, he set off on a journey with the intention of finding the bravest and kindest companion with whom he could share the treasure.

Throughout his journey, he encountered various creatures, but none of them touched his heart. However, one day, when he was on the verge of losing hope, he met a young boy named Matthew.

Matthew wasn't a fearsome hero, but his courage and kindness won Zalan's heart. Zalan told him about the treasure and the power it held.

Without hesitation, Matthew decided to use the treasure together with Zalan to help people and the world. They did just that, using the treasure's power to bring peace and happiness.

The two friends lived their lives together, always ready to assist others. They knew that courage and friendship were treasures beyond all others and never ran out.

As time passed, the world became a better place, with everyone remembering the little dragon and the boy who showed that the true treasure lies within a good heart.

Az Elveszett Meseország Keresése

Régen, egy időben, amikor a mesék még éltek az emberek szívében, élt egy kislány, Emília néven, aki mindig is rajongott a mesékért. Emília számára a legkedvesebb pillanatok azok voltak, amikor édesanyja mesélt neki este a Meseországról, egy varázslatos helyről, ahol a mesék éltek.

Azonban egy napon, amikor Emília visszatért az iskolából, észrevette, hogy az összes mese eltűnt az otthonukból. A könyvek és a mesekönyvek mind üresek voltak. Emília és édesanyja szomorúan néztek egymásra, nem értve, mi történt.

Emília elhatározta, hogy megtalálja az Elveszett Meseországot, és visszahozza a meséket a világba. Egy nap, amikor egy rejtélyes köd ereszkedett a városukra, Emília talált egy tündöklő ajtót az erdő mélyén.

Az ajtó a Meseországba vezetett, de volt egy probléma: az ajtó kulcsa elveszett. Emília úgy érezte, hogy a kulcs valahol a mesék világában rejtőzik, és elindult kalandra, hogy megtalálja.

Az utazása során találkozott különböző mesefigurákkal, mint Csipkerózsika, Piroska és a farkas, valamint a Hét törpe. Minden egyes találkozás új utat és kihívást jelentett Emíliának.

Végül, egy varázslatos erdőben találkozott egy bölcs öregemberrel, aki azt mondta neki: "Az Elveszett Meseország kulcsa a szívünkben rejlik. Csak akkor találod meg, ha hiszel a mesék erejében és a szeretetben."

Emília visszatért a rejtélyes ajtóhoz, és amikor azon átlépte, a kulcs hirtelen előkerült a zsebéből. Az ajtó kinyílt, és Emília belépett az Elveszett Meseországba.

A mesék újra életre keltek, és boldogan táncoltak és daloltak Emíliával. Amikor hazatért, az otthona ismét tele volt mesékkel, és ő tudta, hogy az igazi Meseország mindig az emberi szívben él, és hogy a mesék sosem tűnnek el, amíg hiszünk bennük.

Emília és édesanyja boldogan olvasták a meséket egymásnak, és mindig emlékeztek arra az időszakra, amikor az Elveszett Meseországot keresve együtt kalandoskodtak. És azóta is minden este újabb és újabb meséket találtak a szívükben és az otthonukban.

The Quest for the Lost Fairyland

Once upon a time, in an era when stories still lived in people's hearts, there lived a little girl named Emilia who had always been enchanted by tales. For Emilia, the dearest moments were when her mother told her bedtime stories about Fairyland, a magical place where stories came to life.

However, one day, when Emilia returned home from school, she noticed that all the stories had disappeared from their home. The books and fairy tales were all empty. Emilia and her mother sadly looked at each other, not understanding what had happened.

Emilia decided to find the Lost Fairyland and bring back the stories into the world. One day, when a mysterious fog descended upon their town, Emilia found a sparkling door deep in the forest.

The door led to Fairyland, but there was a problem: the key to the door was missing. Emilia felt that the key must be hidden somewhere within the world of stories, so she embarked on an adventure to find it.

During her journey, she met various storybook characters like Sleeping Beauty, Little Red Riding Hood, and the Big Bad Wolf, as well as the Seven Dwarfs. Each encounter presented Emilia with new paths and challenges.

Eventually, in a magical forest, she met a wise old man who told her, "The key to the Lost Fairyland lies in our hearts. You'll find it only when you believe in the power of stories and love."

Emilia returned to the mysterious door, and when she crossed it, the key suddenly appeared in her pocket. The door opened, and Emilia entered the Lost Fairyland.

The stories came back to life, and they happily danced and sang with Emilia. When she returned home, their house was once again filled with stories, and she knew that the real Fairyland always resides in the human heart, and that stories never disappear as long as we believe in them.

Emilia and her mother joyfully read stories to each other, always remembering the time they embarked on an adventure together in search of the Lost Fairyland. And ever since, every evening, they found new and new stories in their hearts and their home.

A Zene Varázsa

Még régen, egy időben, amikor a zene még szárnyakat adott az embereknek, élt egy fiatal lány, Amália néven. Amália mindig is rajongott a zenéért, és azon álmodozott, hogy egy napon csodálatos zenész lesz.

Amália egy nap egy rejtélyes hegyre sétált, ahol egy varázslatos zene szólalt meg a levegőben. A zene a szívét érintette, és ő követte a hangokat egy szikla alá, ahol egy aranyszínű hegedű pihent.

Amália óvatosan felvette a hegedűt, és amint megérintette az íját, gyönyörű dallamok zengtek szerte a hegyek között. Nem csak egyszerű zenét játszott, hanem olyat, ami gyógyította a szív és a lélek sebeit.

Amália a hegedűvel vándorolt, és mindenütt, ahol járt, a zene csodákat művelt. Eljutott egy elhagyott faluba, ahol a lakosok szomorúak és magányosak voltak. Amália a hegedűjével játszott, és a zene újra boldogságot hozott a faluba.

Az emberek hálásan köszönték meg Amáliának, és ő tovább utazott. Éjszaka, amikor a csillagok ragyogtak, Amália a hegedűjével a természetben játszott, és a hangjai megérintették az állatokat és a növényeket is.

Ahogy Amália játszott, a hegedűje ragyogóvá vált, és a zene a szívén keresztül szólt. Amália lassan megtanulta, hogy a zene nem csak a füleknek szól, hanem a léleknek is. A zene az érzelmek, a szeretet és a remény nyelve.

Amikor végül visszatért a hegyekbe, ahol megtalálta a hegedűt, hálásan köszönte meg a varázslatos ajándékot. A hegedű a sziklába visszakerült, de Amália tudta, hogy a zene örökké az ő szívükben és az emberek szívükben él.

És Amália egy életen át zenélt, mindig hordozva a zene varázsát, amely a szeretet és a gyógyulás eszköze volt. A zene mindig követte őt, és mindenhol, ahol járt, meghallgatták, hogy hallják az emberi lélek dalát.

The Magic of Music

Long ago, in a time when music still gave wings to people, there lived a young girl named Amalia. Amalia had always been passionate about music and dreamed of becoming a wonderful musician one day.

One day, Amalia took a walk to a mysterious mountain where enchanting music filled the air. The music touched her heart, and she followed the sounds to a hidden rock, beneath which rested a golden violin.

Amalia gently picked up the violin, and as soon as she touched its bow, beautiful melodies resonated throughout the mountains. It wasn't just ordinary music; it was music that healed the wounds of the heart and soul.

Amalia wandered with the violin, and everywhere she went, the music worked wonders. She reached an abandoned village where the inhabitants were sad and lonely. Amalia played her violin, and the music brought happiness back to the village.

Grateful villagers thanked Amalia, and she continued her journey. At night, under the starry sky, Amalia played her violin in nature, and her music touched not only the hearts of people but also of animals and plants.

As Amalia played, her violin began to shine, and the music came from her heart. She slowly learned that music wasn't just for the ears; it spoke to the soul. Music was the language of emotions, love, and hope.

When she finally returned to the mountains where she found the violin, she gratefully acknowledged the magical gift. The violin returned to the rock, but Amalia knew that music would forever reside in her heart and the hearts of people.

Amalia played music throughout her life, always carrying the magic of music, which was a tool for love and healing. Music always followed her, and everywhere she went, they listened to hear the song of the human soul.

Az Elveszett Kincs

———

Egyszer, egy időben, amikor a világ még rejtélyekkel és csodákkal volt teli, egy fiatal felfedező, Márton néven, egy kis falu közelében élt. Márton mindig kíváncsi volt a világ rejtett kincseire, és minden nap új kalandokra vágyott.

Egy napon, amikor Márton a régi erdőben barangolt, talált egy kopott térképet egy elhagyatott fa alatt. A térkép egy titokzatos helyre vezette, ahol állítólag egy elveszett kincs rejtőzött.

Márton nem habozott, és elindult a kincs keresésére a térkép útmutatásai szerint. Az utazása során veszélyekkel és rejtélyekkel teli helyekre jutott. Találkozott furcsa lényekkel, mint például beszélő hattyúk és varázslatos tündérek.

Végül, egy mély barlangban találta meg az elveszett kincset. Azonban a kincs nem volt arany vagy gyémánt, hanem egy varázslatos tükör. A tükörben meglátta önmagát, és felfedezte, hogy a valódi kincs a tudás és a tapasztalatok.

Amikor Márton hazatért, új szemmel nézte a világot, és értékelte a kincset, amit megtalált. Tudta, hogy a rejtélyek és a kalandok a legnagyobb kincsek az életben, és hogy a valódi gazdagság a tudás és a bölcsesség.

Márton sosem hagyta abba a felfedezéseket és a kalandokat, és mindig készen állt az újabb rejtélyek megfejtésére és az új világok felfedezésére. Tudta, hogy az élet valódi kincsei a szívében és az élményekben rejlenek.

The Lost Treasure

Once, in a time when the world was still filled with mysteries and wonders, a young explorer named Martin lived near a small village. Martin was always curious about the hidden treasures of the world, and he yearned for new adventures every day.

One day, while Martin was wandering in the old forest, he found a tattered map beneath an abandoned tree. The map led to a mysterious location where an alleged lost treasure was hidden.

Without hesitation, Martin set out to search for the treasure following the map's guidance. During his journey, he encountered dangers and ventured into places filled with mysteries. He met strange creatures like talking swans and magical fairies.

Eventually, deep within a cave, he found the lost treasure. However, the treasure was not gold or diamonds; it was a magical mirror. In the mirror, he saw his own reflection and discovered that the real treasure was knowledge and experiences.

When Martin returned home, he viewed the world with new eyes and appreciated the treasure he had found. He knew that mysteries and adventures were the greatest treasures in life and that true wealth lay in knowledge and wisdom.

Martin never stopped exploring and seeking adventures, always ready to solve new mysteries and discover new worlds. He understood that life's real treasures reside in the heart and in the experiences it gathers.

A Varázslatos Virágok Titka

Még régen, egy időben, amikor a természet és a varázslat szorosan összekapcsolódott, egy fiatal lány, Zsófia néven, a virágok szerelmese volt. Zsófia mindig kertjükben játszott, és csodálta a virágok szépségét és varázsát.

Egy nap Zsófia mélyen az erdőbe ment sétálni, ahol talált egy rejtélyes tisztásra. A tisztás közepén négy varázslatos virág virított: egy piros, egy kék, egy sárga és egy zöld.

Zsófia közelebb lépett, és érezte, hogy a virágoknak különleges erőkük vannak. Ahogy hozzájuk ért, mindegyik virág egy-egy bűbájt árasztott. A piros virág tűzbe borította őt, a kék virág vizet teremtett, a sárga virág fényességet sugárzott, a zöld virág pedig növekedést adott.

Zsófia eldöntötte, hogy gondozni fogja ezeket a varázslatos virágokat, és megismerte, hogy ha óvatosan és szeretettel kezeli őket, akkor a természet kincseivel lesz képes segíteni.

Az évek során Zsófia virágai a falu csodájává váltak. A tűzvirág melegítette az embereket a hideg téli estéken, a vízvirág tisztított és adott ivóvizet, a fényvirág megvilágította az éjszakákat, a növekedés virág pedig gazdag termést hozott.

Amikor Zsófia végre megöregedett, és elérte a virágok által adott varázslatos erők végét, a falu népe hálásan köszönte meg neki, és megértették, hogy a természet varázslata mindannyiunk számára ott van, ha tisztelettel és szeretettel bánunk vele.

Zsófia boldogan élte az életét, a virágok varázslatával mindig kész segíteni másoknak. Tudta, hogy a természet kincsei mindig velünk vannak, és hogy a varázslat ott rejlik minden növény és virág szívén.

The Secret of the Enchanted Flowers

Long ago, in a time when nature and magic were closely intertwined, there lived a young girl named Sophia, who was a lover of flowers. Sophia would often play in their garden and marvel at the beauty and magic of the flowers.

One day, Sophia ventured deep into the forest, where she discovered a mysterious clearing. In the center of the clearing, four enchanting flowers bloomed: a red one, a blue one, a yellow one, and a green one.

As Sophia approached, she could feel that these flowers possessed special powers. When she touched each flower, they each radiated a different enchantment. The red flower engulfed her in flames, the blue flower created water, the yellow flower radiated light, and the green flower bestowed growth.

Sophia decided to care for these enchanted flowers and realized that, if she treated them with care and love, she could harness the treasures of nature to help others.

Over the years, Sophia's flowers became a wonder in the village. The fire flower warmed the people on cold winter evenings, the water flower purified and provided drinking water, the light flower illuminated the nights, and the growth flower yielded bountiful harvests.

When Sophia finally grew old and reached the end of the magical powers bestowed by the flowers, the people of the village gratefully thanked her. They understood that the magic of nature is always present if treated with respect and love.

Sophia lived her life happily, always ready to help others with the magic of her flowers. She knew that the treasures of nature are always with us and that magic lies within the heart of every plant and flower.

A Bátor Kis Pillangó

Egyszer volt, hol nem volt, egy csodálatos kertben, egy kis pillangó élt. Őt Boglárka névvel szólították, és olyan gyönyörű, mint a tavaszi virágok. Boglárka mindennap repkedett a kertben, élvezve a napsugarak melegét és a szél szellőjét.

Egy nap Boglárka egy kis katicabogarat látott egy gyenge hálóban rekedve. A katicabogár sírt, és segítségért kiáltott. Boglárka azonnal odaröppent és megkérdezte, mi történt.

A katicabogár elmondta, hogy egy pók próbálta meg enni, de sikerült kiszabadulnia, de most a hálóban ragadt. Boglárka nem habozott, hanem bátorságosan kiszabadította a katicabogarat a pókhálóból.

A katicabogár hálásan köszönte meg Boglárkának, majd megkérdezte, hogyan hálálhatná meg neki. Boglárka azt mondta, hogy csak szeretne barátok lenni, és kérte a katicabogarat, hogy segítsen neki felfedezni a kertet.

Így kezdődött Boglárka és a katicabogár barátsága. Együtt repkedtek a virágok között, találkoztak más kis lényekkel, mint például hangyák és sündisznók. Minden nap új kalandok vártak rájuk.

Boglárka megtanulta, hogy a bátorság és az empátia olykor a legnagyobb kincsek az életben. A katicabogár is megtapasztalta, hogy az igazi barátok mindig melletted állnak.

Ahogy repkedtek a kertben, Boglárka és a katicabogár szívükben mindig tudták, hogy az igazi kincsek nem mindig aranyban és drágakövekben rejlenek, hanem az emberek és a barátok szeretetében és támogatásában. És boldogan éltek, és repkedtek a naplementében, tudva, hogy az igazi gazdagság az ő szívükben volt.

The Brave Little Butterfly

Once upon a time, in a magical garden, there lived a little butterfly named Marigold. Marigold was as beautiful as spring flowers. Every day, Marigold fluttered around the garden, basking in the warmth of the sun and the gentle breeze.

One day, Marigold noticed a little ladybug trapped in a fragile spider's web. The ladybug was crying for help. Without hesitation, Marigold flew over and asked what had happened.

The ladybug explained that a spider had tried to eat her, but she managed to escape, only to get caught in the web. Marigold acted bravely and freed the ladybug from the spider's web.

The ladybug was grateful and asked how she could repay Marigold's kindness. Marigold simply said she wanted to be friends and asked the ladybug to help her explore the garden.

And so began the friendship of Marigold and the ladybug. Together, they flew among the flowers, meeting other small creatures like ants and hedgehogs. Every day brought new adventures.

Marigold learned that bravery and empathy are some of life's greatest treasures. The ladybug, too, experienced that true friends are always by your side.

As they fluttered through the garden, Marigold and the ladybug always knew that real treasures aren't always found in gold and gems but in the love and support of people and friends. They lived happily, soaring in the sunset, knowing that true wealth was in their hearts.

A Varázslatos Könyvtár Titka

Egyszer volt, hol nem volt, egy kisvárosban, ott volt egy idős könyvtáros, Rozália néven, aki egy varázslatos könyvtárat gondozott. Ez a könyvtár különleges volt, mert nem csak könyveket, hanem történeteket és kalandokat is tartalmazott.

Rozália mindig is gondoskodóan vigyázott a könyvtárra, de egy nap felfedezett egy rejtett ajtót egy elfelejtett polc mögött. Az ajtó egy varázslatos világba vezetett, ahol a könyvek és történetek éltek.

A könyvek lapjai életre keltek, és beszélni kezdtek Rozáliával. Megtanították neki, hogyan kell a könyveken át eljutni a különféle világokba és időkbe. Rozália elmerült ezekben az utazásokban, és új kalandokat élhetett meg minden egyes könyvvel.

Amikor visszatért a valóságba, megértette, hogy a könyvek és a történetek valódi kincseket hordoznak. Nem csak szavak és betűk, hanem életek és élmények. Tudta, hogy meg kell osztania ezt a csodát a városával.

Rozália hosszú estéken meséket kezdett mesélni a könyvtárban, és a gyerekek és felnőttek egyaránt elvarázsolódtak. A könyvtárban mindig tartott különleges estéket, ahol az emberek együtt élhették meg a történeteket.

A város lakói újra felfedezték a szeretetüket a könyvek és a történetek iránt, és az iskolás gyerekek számára a könyvtár a kedvenc helyükké vált. A varázslatos könyvtár olyan volt, mint egy kapu a képzelet világába, ahol mindenki új kalandokat élhetett meg.

Rozália boldogan élte az életét, tudva, hogy a történetek és a könyvek mindig varázslatot hoznak az emberek életébe. És minden nap, amikor megnyitotta a könyvtár ajtaját, tudta, hogy ott rejlik a valódi kincs, a képzelet és a mesék világában.

The Secret of the Enchanted Library

Once upon a time, in a small town, there was an elderly librarian named Rosalia who cared for a magical library. This library was special because it didn't just contain books; it held stories and adventures.

Rosalia always took great care of the library, but one day, she discovered a hidden door behind a forgotten shelf. The door led to a magical world where books and stories came to life.

The pages of the books came to life and began to talk to Rosalia. They taught her how to journey through different worlds and times using the books as portals. Rosalia immersed herself in these journeys, experiencing new adventures with each book.

When she returned to reality, she understood that books and stories held real treasures. They were not just words and letters; they were lives and experiences. She knew she had to share this wonder with her town.

On long evenings, Rosalia began to tell stories in the library, captivating children and adults alike. The library hosted special nights where people could experience the stories together.

The town's residents rediscovered their love for books and stories, and for schoolchildren, the library became their favorite place. The enchanted library was like a gateway to the world of imagination, where everyone could embark on new adventures.

Rosalia lived her life happily, knowing that stories and books always brought magic into people's lives. And every day, when she opened the library's door, she knew that the real treasure lay within the world of imagination and stories.

A Csillagok Zenéje

Régen, egy időben, amikor a csillagok még dalolni tudtak, egy kisfiú, Marci néven, az éjszakai égboltot bámulta minden este. Marci mindig is kíváncsi volt arra, mit suttognak a csillagok az éj sötétjében.

Egy éjszaka, amikor Marci az ablakból figyelte az égboltot, észrevett egy csillagot, amely különösen ragyogott. A csillag nem csak fényt sugárzott, hanem gyönyörű zenét is játszott, amely megtöltötte a szívét örömmel és boldogsággal.

Marci úgy érezte, hogy meg kell találnia ezt a különleges csillagot, és megtudnia, miért játszik ilyen varázslatos zenét. Elhatározta, hogy elindul egy éjszakai kalandra, hogy felkutassa a csillagok zenéjének titkát.

Az utazása során találkozott különböző égi lényekkel, mint a Holdfény tündérek és az Édeni Szél, akik segítettek neki az út során. Minden éjszaka egy újabb szakaszát jelentette az útnak, és Marci sosem adta fel.

Végül, egy magas hegytetőn találkozott a zenélő csillaggal. A csillag elmesélte neki, hogy az égbolt dala az emberek boldogságát hozza, és mindenki hallhatja, ha figyelmesen hallgatja az éjszakát.

Marci hazatért, és elmesélte a városnak a csillagok zenéjét. Azóta minden este a lakók együtt gyűltek az udvarokon és tetőkön, hogy hallgassák a csillagok dalát. Az éjszakai égbolt a város zenéjévé vált, és boldogságot hozott mindenkinek.

Marci sosem felejtette el azt az éjszakát, amikor felfedezte a csillagok zenéjét, és mindig emlékezett rá, hogy a csodák mindig ott vannak, ha figyelmesen nézzük az éjszakai eget és hallgatjuk a csillagok dalát.

The Music of the Stars

Long ago, in a time when the stars could still sing, there was a young boy named Martin who gazed at the night sky every evening. Martin was always curious about what the stars whispered in the darkness of the night.

One night, as Martin watched the sky from his window, he noticed a star that shone particularly bright. This star not only emitted light but also played beautiful music that filled his heart with joy and happiness.

Martin felt compelled to find this special star and discover why it played such enchanting music. He decided to embark on a nighttime adventure to uncover the secret behind the music of the stars.

During his journey, he encountered various celestial beings, such as Moonlight Fairies and the Eden Breeze, who helped him along the way. Each night marked a new stage of his journey, and Martin never gave up.

Finally, on a high mountaintop, he met the star that played the music. The star told him that the song of the night sky brought happiness to people, and anyone could hear it if they listened carefully to the night.

Martin returned home and shared the music of the stars with the town. Since then, every evening, the townsfolk gathered together in courtyards and on rooftops to listen to the stars' song. The nighttime sky became the town's music, bringing happiness to everyone.

Martin never forgot the night when he discovered the music of the stars, and he always remembered that wonders are always present if we watch the night sky carefully and listen to the stars' song.

A Varázslatos Óra

Egyszer volt, hol nem volt, egy időben, amikor az óráknak saját életük és személyiségük volt, élt egy kisvárosban egy varázslatos óra, ami nem működött úgy, mint a többi. Ezt az órát Óriásnak hívták, mert sokkal nagyobb volt, mint a többi.

Óriás mindig mosolygott, és sosem sietett. Az emberek gyakran félreértették és kinevették őt, mert nem értették, miért nem "dolgozik" rendesen. De Óriás nem zavartatta magát, mert tudta, hogy ő másféle varázslatot hordoz.

Egy nap a kisvárost elöntötte egy hatalmas vihar. Az emberek pánikba estek, és senki sem tudta, mit tegyen. Óriás azonban megmaradt nyugodt és mosolygott. Ahelyett, hogy rohant volna, lassan és kitartóan kezdett ketyegni.

Az emberek furcsán néztek az órára, de aztán észrevették, hogy Óriás lassú ritmusa nyugtató hatással van rájuk. Ahogy nézték az óra mutatóját, elkezdtek csendesedni és összehangolódni a lassú ritmussal.

Az emberek összefogtak, hogy megvédjék a várost a vihartól, és úgy érezték, mintha az idő lelassult volna, hogy mindent megtegyenek, amire szükség van. Óriás órái megtanították nekik, hogy a nyugalom és a kitartás az élet legfontosabb dolgai.

A vihar végül elvonult, és a város megmentették. Az emberek megtanulták, hogy minden órának megvan a saját szerepe és varázsa az életben. Óriás pedig továbbra is mosolygott, tudva, hogy lassú tempójával és nyugalmas hozzáállásával is hősként segített a városán.

Ettől kezdve Óriás órája sokkal többet ért az embereknek, mint a pontos időmérés. Óriás az emlékezetek órája lett, amely mindig emlékeztette az embereket arra, hogy a nyugalom és a kitartás az igazi varázslat az életben.

The Magical Clock

Once upon a time, in a time when clocks had their own lives and personalities, there lived a magical clock in a small town. This clock didn't work like the others. It was called Giant because it was much larger than the rest.

Giant always smiled, and it never rushed. People often misunderstood and laughed at it because they couldn't understand why it didn't "work" properly. But Giant wasn't bothered because it knew it carried a different kind of magic.

One day, a massive storm engulfed the small town. People panicked, not knowing what to do. Giant, however, remained calm and continued to smile. Instead of rushing, it started ticking slowly and steadily.

People looked at the clock in bewilderment, but then they noticed that Giant's slow rhythm had a soothing effect on them. As they watched the clock's hands, they began to calm down and sync with the slow rhythm.

People united to protect the town from the storm, feeling like time had slowed down to give them all the time they needed to do what was necessary. Giant's clocks taught them that calmness and perseverance were the most important things in life.

The storm eventually passed, and the town was saved. People learned that every clock had its own role and magic in life.

Giant's clock became more than just a timekeeper. It became a reminder of the importance of calmness and perseverance in life.

From then on, Giant's clock meant much more to the people than mere timekeeping. It became the clock of memories, always reminding them that calmness and perseverance were the true magic of life.

Az Elveszett Álmok Varázslatos Háza

Mélyen az erdő mélyén, egy tiszta tó partján, állt egy titokzatos ház, amit Senkihaza néven ismertek a környékbeliek. A ház elhagyatottnak tűnt, de valójában rejtett egy csodálatos titkot.

Senkihaza lakója egy idős asszony volt, Aranka néven, aki híres volt álomvarázslóként. Aranka nemcsak álmokat látott, hanem képes volt megvalósítani azokat a valóságban is. Együtt élt az álmainak teremtett lényekkel, akik a tó mélyén aludtak.

Egy napon egy kisfiú, Áron, véletlenül rátalált Senkihazára, amikor az el tévedt az erdőben. Aranka megtalálta őt a háza közelében, és meghallgatta a fiú történetét.

Áron azt mondta, hogy elveszítette az álmait, és most kétségbeesetten próbált újra álmodni. Aranka, az álomvarázsló, belátta, hogy segíteni tud neki. Elvitt Áront a házába és megmutatta neki a titkos tó mélyét, ahol az elveszett álmok pihentek.

Áron megmerítette a kezét a tóban, és azonnal látta az elveszett álmai képeit. Megértette, hogy az álmok valóságos erővel rendelkeznek, és hogy képes megvalósítani őket, ha csak mer hinni bennük.

Aranka és Áron együtt dolgoztak, hogy visszaszerezzék az elveszett álmokat és új álmokat teremtsenek. Minden egyes álom, amit megvalósítottak, új lényeket és varázslatokat hozott létre a házban.

Áron visszatért a városába, és az álmai elérhetővé váltak. Az emberek elámulva figyelték, ahogy a fiú megvalósítja azokat az álmokat, amiket elveszített. Tudták, hogy Aranka és a titkos háza hihetetlen varázslatot hozott az életükbe.

Senkihaza továbbra is állt a tó partján, és az álmok teremtőjeként fényezte Aranka hírnevét. Az emberek tanultak az álmok erejéről és arról, hogy sosem szabad feladni azokat. Az elveszett álmok újra megtalálhatók, ha hajlandóak vagyunk bízni bennük és megvalósítani őket.

The Magical House of Lost Dreams

Deep in the heart of the forest, by the edge of a clear lake, stood a mysterious house known as "Nowhere" by the locals. The house seemed abandoned, but it held a wondrous secret.

The resident of Nowhere was an elderly woman named Aranka, renowned as a dream sorceress. Aranka didn't just see dreams; she had the power to bring them to life in the real world. She lived alongside the creatures she created from her dreams, who slumbered at the bottom of the lake.

One day, a young boy named Aaron stumbled upon Nowhere when he got lost in the forest. Aranka found him near her house and listened to his story.

Aaron explained that he had lost his dreams and was desperately trying to dream again. Aranka, the dream sorceress, realized she could help him. She took Aaron into her house and showed him the secret depths of the lake where lost dreams rested.

Aaron dipped his hand into the lake, and immediately, he saw images of his lost dreams. He understood that dreams held real power and that he could make them a reality if he only believed in them.

Aranka and Aaron worked together to retrieve the lost dreams and create new ones. Every dream they realized brought forth new creatures and enchantments within the house.

Aaron returned to his town, and his dreams became attainable. People watched in awe as he turned his lost dreams into reality. They knew that Aranka and her secret house had brought incredible magic into their lives.

Nowhere continued to stand by the lake, elevating Aranka's reputation as the creator of dreams. People learned about the power of dreams and never giving up on them. Lost dreams can be found again if you are willing to believe in them and make them come true.

A Vidám Zongorahangok

Egy kis faluban, ahol mindenki ismerte mindenki mást, élt egy fiatal lány, Maja néven. Maja különleges tehetséggel rendelkezett - a zongorajátékban volt a legügyesebb a faluban.

Minden nap, amikor hazajött az iskolából, Maja a régi zongorához sietett, amit nagyapja hagyott örökül neki. Először csak gyakorolt, de hamarosan elkezdett saját dalokat írni, amelyek tele voltak vidám és boldog dallamokkal.

Az egyik délután, amikor Maja játszott, meghallotta egy szomorú madár dalát az ablakon át. Kinyitotta az ablakot, és meglátta a madarat a faágon. A madár egy szomorú történetet mesélt neki - elvesztette az énekhangját és már hetek óta nem tudott énekelni.

Maja megsajnálta a madarat és megkérdezte, hogyan segíthetne neki visszanyerni az énekhangját. A madár azt mondta, hogy a vidám zongorahangok a legjobb gyógyír lennének.

Maja nem habozott, rögtön elkezdett játszani a zongoráján a legvidámabb dalokat, amiket csak alkotott. A vidám zongorahangok megtöltötték a levegőt, és a madár lassan kezdett énekelni.

A madár hangja egyre erősödött, és hamarosan tiszta és csodálatos éneklés lett belőle. A faluban mindenki hallotta a szép madáréneket, és tudták, hogy Maja vidám zongorajátékával gyógyította meg a madarat.

Azóta Maja nem csak zongorázott magának, hanem az egész falunak zenélt. Az ő vidám dallamai mindig emlékeztették az embereket arra, hogy a zene és a vidámság gyógyító erővel bír, és hogy segítve másokat, még boldogabbak lehetünk.

A madár visszanyerte az énekhangját, és minden nap elrepült Maja ablakához, hogy együtt énekeljenek, miközben Maja a vidám zongorahangokkal varázsolta a világot a faluban.

The Cheerful Piano Notes

In a small village where everyone knew each other, there lived a young girl named Maja. Maja possessed a special talent - she was the best piano player in the village.

Every day, when she returned from school, Maja rushed to her old piano, a gift from her grandfather. Initially, she practiced, but soon she began composing her own songs, filled with cheerful and happy melodies.

One afternoon, as Maja played, she heard the sad song of a bird through the window. She opened the window and saw the bird on a branch. The bird told her a sorrowful story - it had lost its singing voice and hadn't been able to sing for weeks.

Maja felt sorry for the bird and asked how she could help it regain its singing voice. The bird said that cheerful piano notes would be the best remedy.

Maja didn't hesitate. She immediately started playing the cheeriest tunes she had composed. The cheerful piano notes filled the air, and the bird slowly began to sing.

The bird's voice grew stronger, and soon it was singing pure and beautiful songs. In the village, everyone heard the lovely bird's singing and knew that Maja had healed the bird with her cheerful piano playing.

Since then, Maja didn't just play the piano for herself; she played for the whole village. Her joyful melodies always reminded people that music and happiness have healing power and that by helping others, we can become even happier.

The bird regained its singing voice, and every day it flew to Maja's window to sing together, while Maja enchanted the world in the village with her cheerful piano notes.

www.ingramcontent.com/pod-product-compliance
Lightning Source LLC
Chambersburg PA
CBHW061335120726
48001CB00002B/883